我的世界：
恐怖统治

[菲律宾]雷恩·奥拉格尔　[英]埃迪·罗布森 著
王翼瑞 译

童趣出版有限公司编译　人民邮电出版社出版
北京

图书在版编目（CIP）数据

我的世界. 恐怖统治 / 英国卡尔顿出版集团著；童趣出版有限公司编译；王翼瑞译. -- 北京：人民邮电出版社, 2020.8
ISBN 978-7-115-54176-5

Ⅰ. ①我… Ⅱ. ①英… ②童… ③王… Ⅲ. ①动画—连环画—英国—现代 Ⅳ. ①J238.7

中国版本图书馆CIP数据核字(2020)第096303号

著作权合同登记号 图字：01-2019-7727

Design © Carlton Books Limited 2019
All original characters © Rain Olaguer 2019
Published in 2019 by Carlton Books Limited
An imprint of the Carlton Publishing Group
20 Mortimer Street, London W1T 3JW

This book is not endorsed by Mojang Synergies AB. Minecraft and Minecraft character names are trademarks of Mojang Synergies AB.
All images of Minecraft characters © Mojang Synergies AB.
All rights reserved. This book is sold subject to the condition that it may not be reproduced, stored in a retrieval system or transmitted in any form or by any means, electronic, mechanical, photocopying, recording or otherwise, without the publisher's prior consent.
Creator: Rain Olaguer
Script: Rain Olaguer and Eddie Robson
Special Consultant: Beau Chance
Design: Jacob Da'Costa and WildPixel
Editorial Manager: Joff Brown
Design Managers: Emily Clarke and Matt Drew
Production: Nicola Davey

本书中文简体字版由英国卡尔顿出版集团授权童趣出版有限公司，人民邮电出版社出版。
未经出版者书面许可，对本书的任何部分不得以任何方式或任何手段复制和传播。

译　　　者：王翼瑞	责任编辑：孙　洋	执行编辑：胡晟男
责任印制：李晓敏	封面设计：刘　丹	排版制作：张灵书

编　　译：童趣出版有限公司
出　　版：人民邮电出版社
地　　址：北京市丰台区成寿寺路11号邮电出版大厦（100164）
网　　址：www.childrenfun.com.cn

读者热线：010-81054177　　经销电话：010-81054120

印　　刷：天津千鹤文化传播有限公司
开　　本：787×1092　1/16
印　　张：6
字　　数：50千字
版　　次：2020年8月第1版　2021年4月第6次印刷
书　　号：ISBN 978-7-115-54176-5
定　　价：38.00元

版权所有，侵权必究。如发现质量问题，请直接联系读者服务部：010-81054177。

但是，怪物并**不止**这一个……

远远不止……

随着夜幕降临，**海洛布莱恩**的僵尸大军出发了，它们无声无息地在雪地里行进。

它们的目标：格莱茨尔弗德村！

必须赶快回村，警告大家怪物要来了！

但已经太迟了……

村庄的另一边，僵尸大军涌了进来。

村庄很快就沦陷了。

村民们为了活命，只得四散奔逃！

阿比盖尔在哪儿？

阿比盖尔在观察着……等待……

一个**反击**的机会!

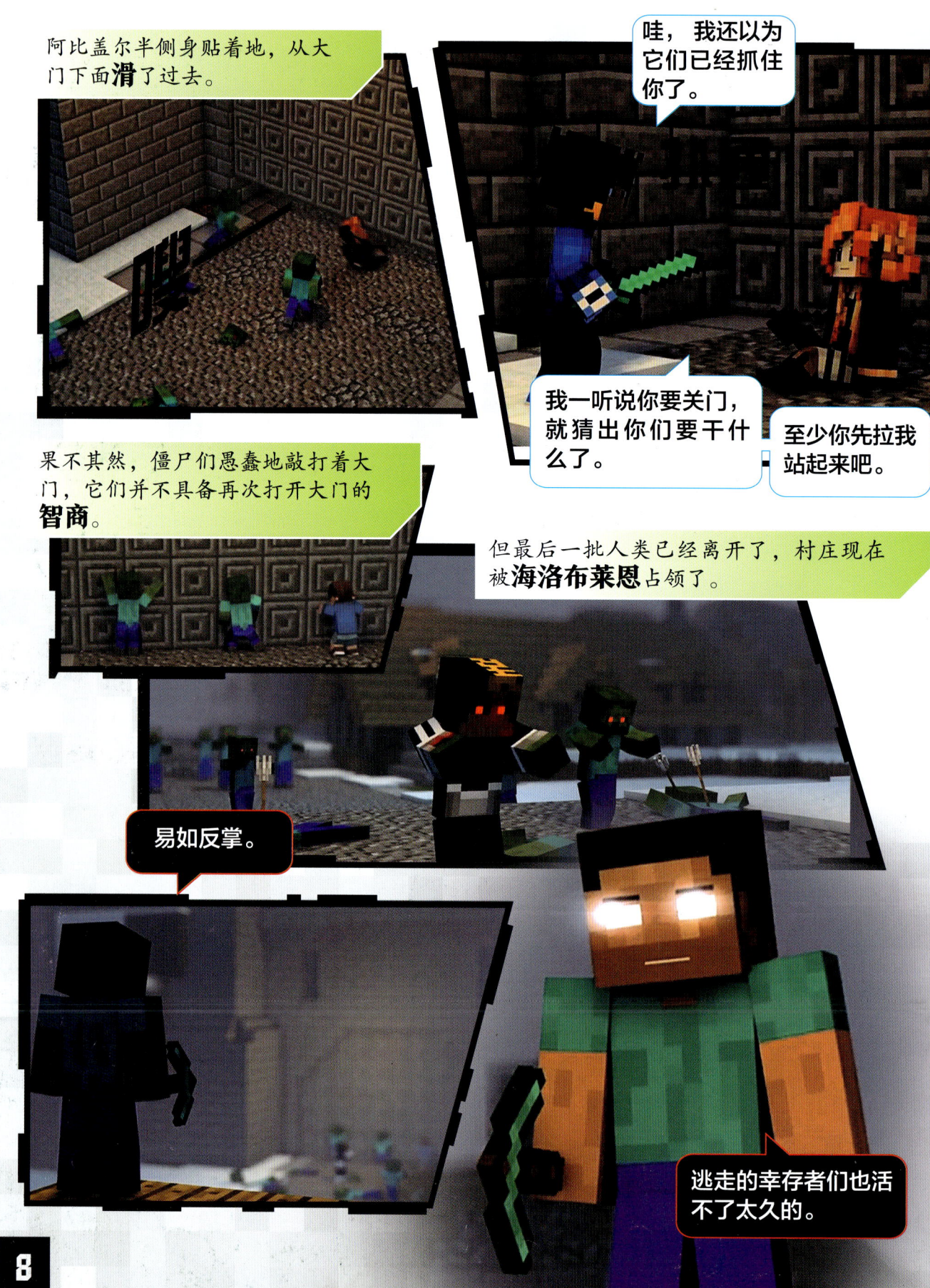

外面什么都没有。我们无处可去。

快点儿，我们必须保持前进！

暂时还没有敌人的踪迹。你觉得它们跟上来了吗？

我也不知道。也许它们不觉得我们是个威胁，并不值得追过来。

嗯。在我反击后，我想它们或许会把我们当成威胁的！

天要黑了，很快我们就能知道了。

果不其然，僵尸大军正在穿越平原……

不要浪费箭，确保一箭干掉一个…

呃！

僵尸们的行动是有组织的，它们自己可不会这么做。

当然。

是你干的。

现在，我将终结一切。

嗖——

嘭！

刺入！

电光石火之间，瑞恩的剑刺穿了海洛布莱恩的身体，**一次又一次**。

怎么会……

但瑞恩惊讶地发现，他的敌人就这么**消失了**。

他去哪儿了？

瑞恩，现在只剩你和我了。

怪物们在他们后面跌跌撞撞地行进着。

我们往哪里去？

这边有一座桥。我们过去之后，把桥砍断，它们就追不过来了！

然而，在跟着他们的怪物里，有一只**苦力怕**。

僵尸瑞恩漫无目的地走进峡谷。

嗷……

一切都结束了。

躺在谷底,奄奄一息。

真的如此吗?

飞驰— 飞驰—

飞驰— 飞驰—

嗒嗒—

嗒嗒—

嗒嗒—

呀——

帕特里克，公认的大师。

劈砍！

唰！

达里尔，强盗。

啪！

啪！

拉弓——

啪！

咔嚓！

瑞恩残破的身体淌着血，

突然，帕特里克出现在他身旁。

把这个喝了。

瑞恩听不清大师的话，但他太虚弱了，药从喉咙里灌进去，他都没法拒绝。

其他人都没救了。

瑞恩的神志正在逐渐恢复清醒。他记得有个女孩。

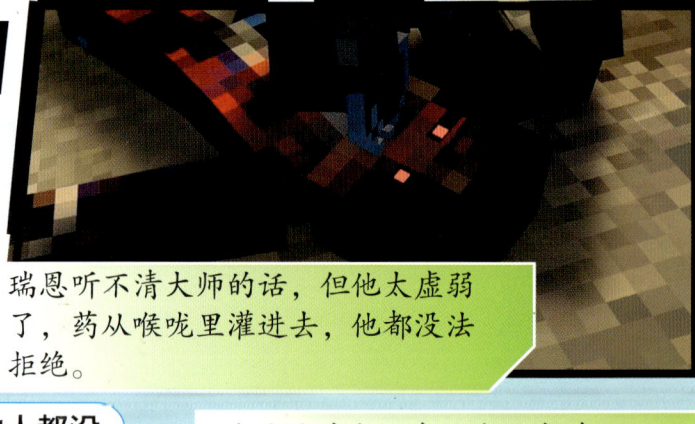

他是刚刚变异的，还有恢复的可能。

她逃走了吗？

瑞恩关于那段旅途的记忆是模糊的。

他昏睡了好长一段时间。

我们得快点儿，但我担心移动会加重他的伤势。

有意识后，马背上的颠簸又让他痛苦万分。

只盼着回到堡垒后，阿祖拉女士能为他做点儿什么。

堡垒？瑞恩听说过堡垒，他以前远远地望见过那种建筑，

但他从没进去过。

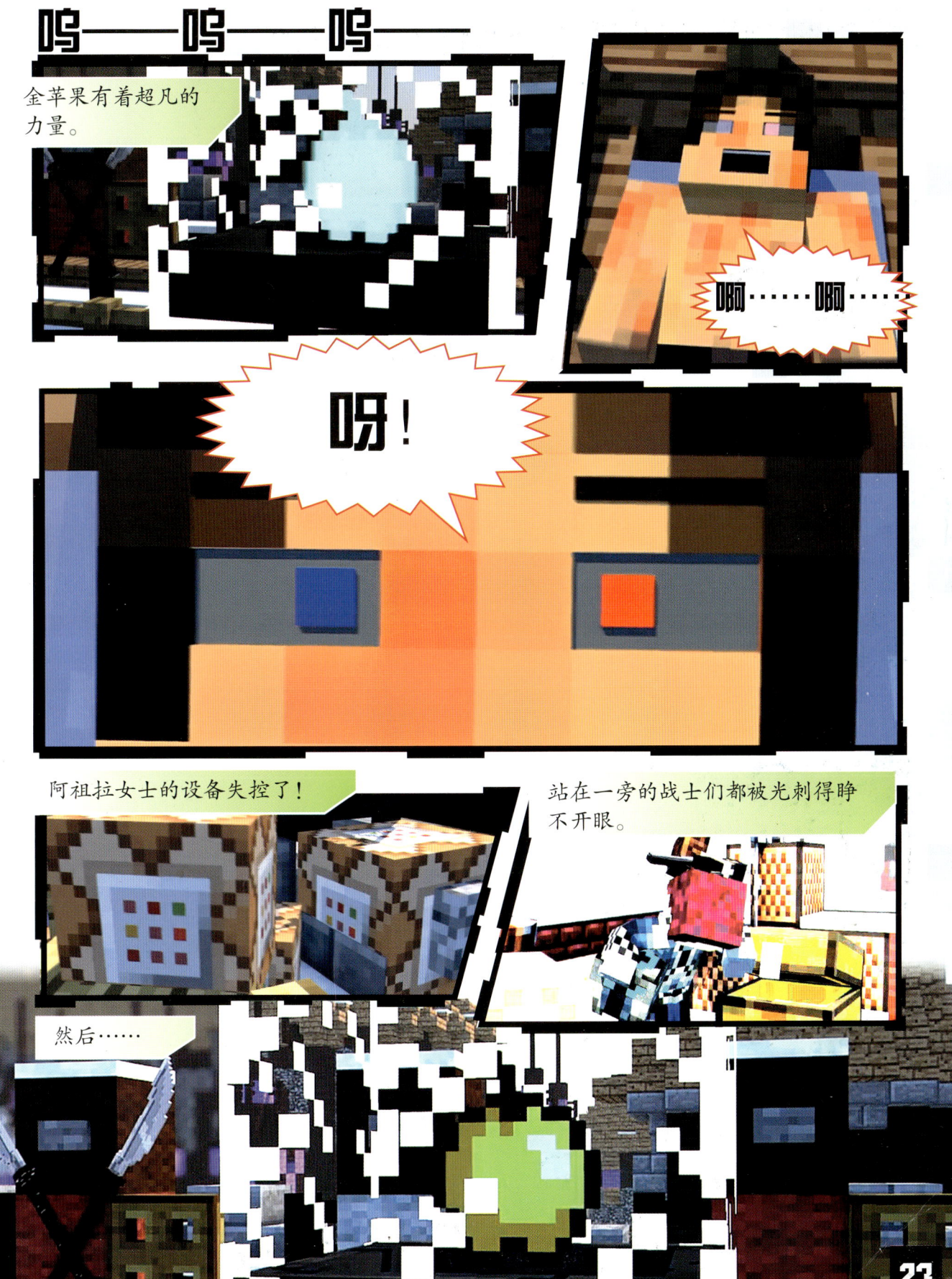

#

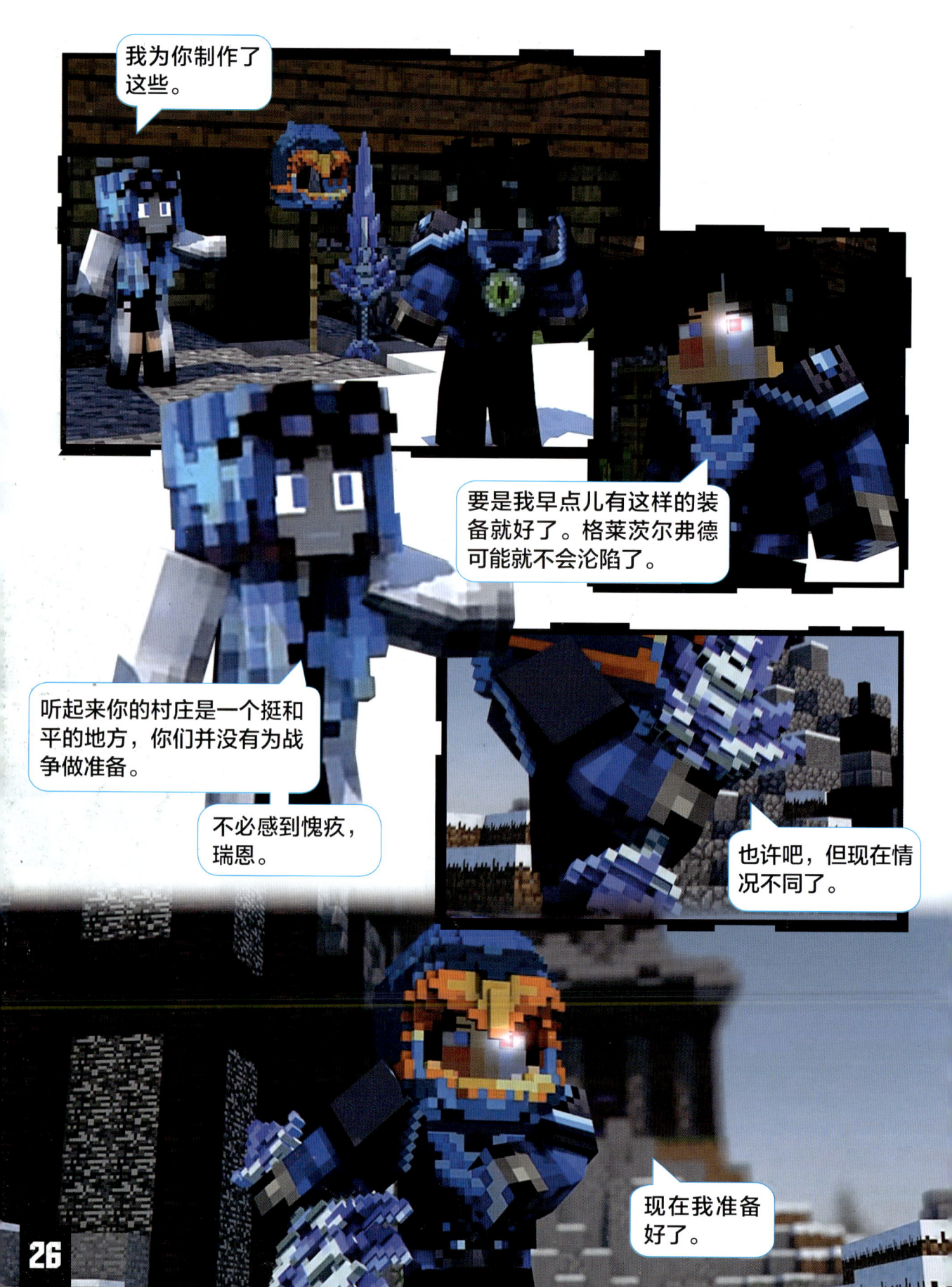

但海洛布莱恩和他的僵尸大军不是唯一的威胁。

呲呲——— 呲呲———

末影人不知从何而来。

呼——呼——呼

还有**末影龙**从天空俯冲下来!

嗖———

堡垒中的居民正进行反击。

呀！

但当你的敌人可以如此轻易地制造混乱和破坏时，反击就没那么容易了。

嗖——

呀——

刺入！

瑞恩击倒了末影人。它在他眼前消失了，留下了……

一颗末影珍珠！

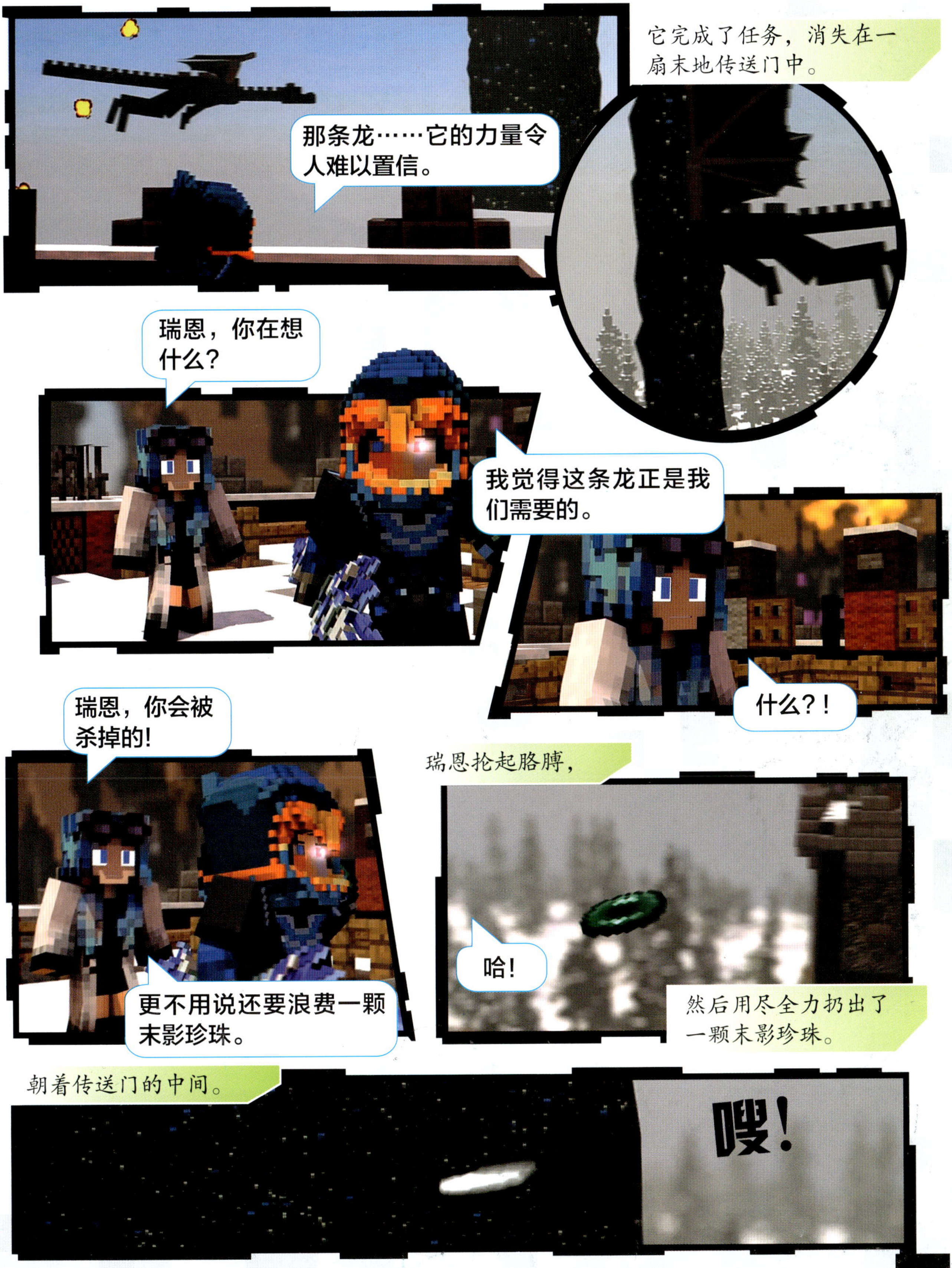

嗡——

嗡——

哇——

末影珍珠将他传送到了即将关闭的末地传送门里。

哎哟!

他成功到达了**末地**。

呃，大家好啊。

这地方真不错。

呜呜……
瑞恩引起了末地守望者的注意。
谁胆敢闯入？
这并不重要。消灭他们就是了。
泽加尼恩，末影舞者。
沃德斯，龙先知。
赛里斯，末影女王。
嗖——
扑通！
嗷呜！！

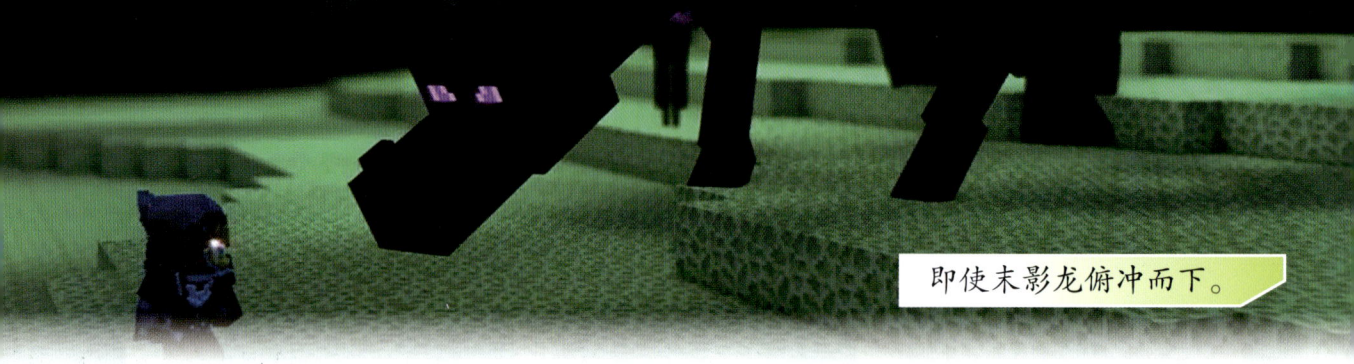

瑞恩已经走到这一步了,现在他一定**不能畏惧**。

即使末影龙俯冲而下。

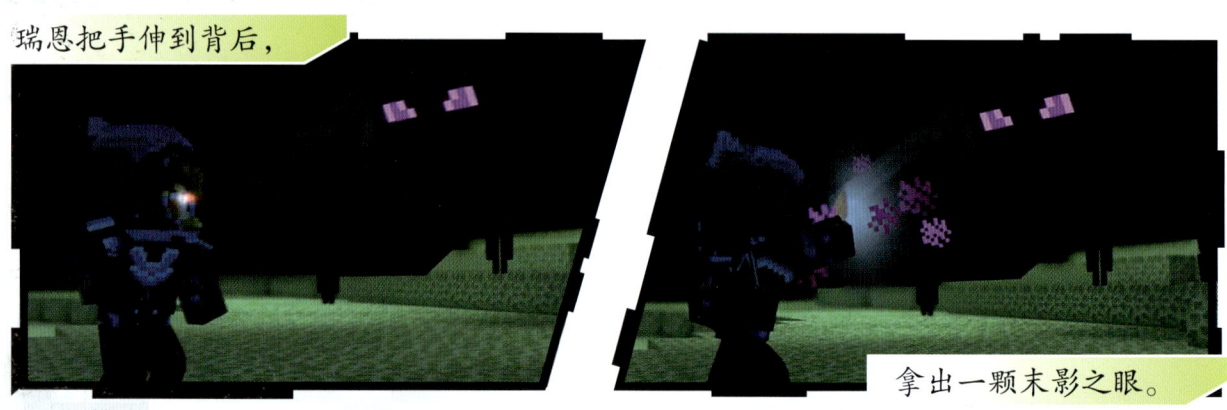

瑞恩把手伸到背后,

拿出一颗末影之眼。

看……看着这个眼睛……

我不会伤害你的,

我是你的朋友。

回到格莱茨尔弗德,新政权已经站稳了脚跟。

海洛布莱恩的军队时刻保卫着他的领土。

但是它们准备好面对即将到来的挑战了吗?

嗯……

格莱茨尔弗德村已经落入了领主**海洛布莱恩**和他的不死族战士手中。

但是人类不会轻易放弃他们的领土。

在村庄的教堂里,海洛布莱恩在和他的手下一起商议他的第二步战略。

你知道的,他们要来了。

我们挡得下来。

我的主人,他们有一条末影龙作为军备,而且他们已经和末地守望者结成联盟了。

只有愚者才会在开阔的战场上与他们的军队作战。

你打算怎么阻止他们?

海洛布莱恩不喜欢被称为愚者。

派一只乌鸦去跟猪人国王联络。

不管是谁挡我的路,

是时候了。

我们都会摧毁他们。

噼啪!

海洛布莱恩的部队正在格莱茨尔弗德的街道上放哨,

等待并提防人类的攻击行动。

它们训练,磨炼战斗技能,

直到最后一刻。

新的一天开始了。

海洛布莱恩的力量是很强大的。

他的僵尸军团,

全副武装,随时待命。

但是人类有一个更加强大的武器,

整个村庄都能听到它的声音。

末影龙攻击！

我们对此毫无还击之力。

与此同时，在地面上，人类军队骑着**马投入了战斗**。

一位不幸的上兵直接冲向了海洛布莱恩。

嗖嗖嗖！

猛砍！

虽然海洛布莱恩很难接受，但**撤退**是唯一的出路。

只有这一个**办法**。

在战斗最激烈的时候，没人注意到海洛布莱恩正冲向**下界传送门**的动作。

除非待在**上空**！

海洛布莱恩勉强躲过末影龙的火焰，冲向传送门。

他飞身一跃——

进入了下界。

海洛布莱恩虔诚恳求,

想拜见下界之王。

你胆敢闯入我的领地?

陛下,我有要事相求。

"你到这里来是因为你不顾一切地想逃离人类军队的攻击，求生而已。"

"你来这里是因为你失败了，海洛布莱恩。"

"有您的帮助，我可以打败人类。"

"我为什么要帮你？"

"如果这场战争胜利了，那么将会如您所愿，让人类对您产生畏惧。"

"这样就没人敢冒犯您了。"

下界之王的军队等待着他的号令。

"很好。"

43

人类夺回了格莱茨尔弗德。

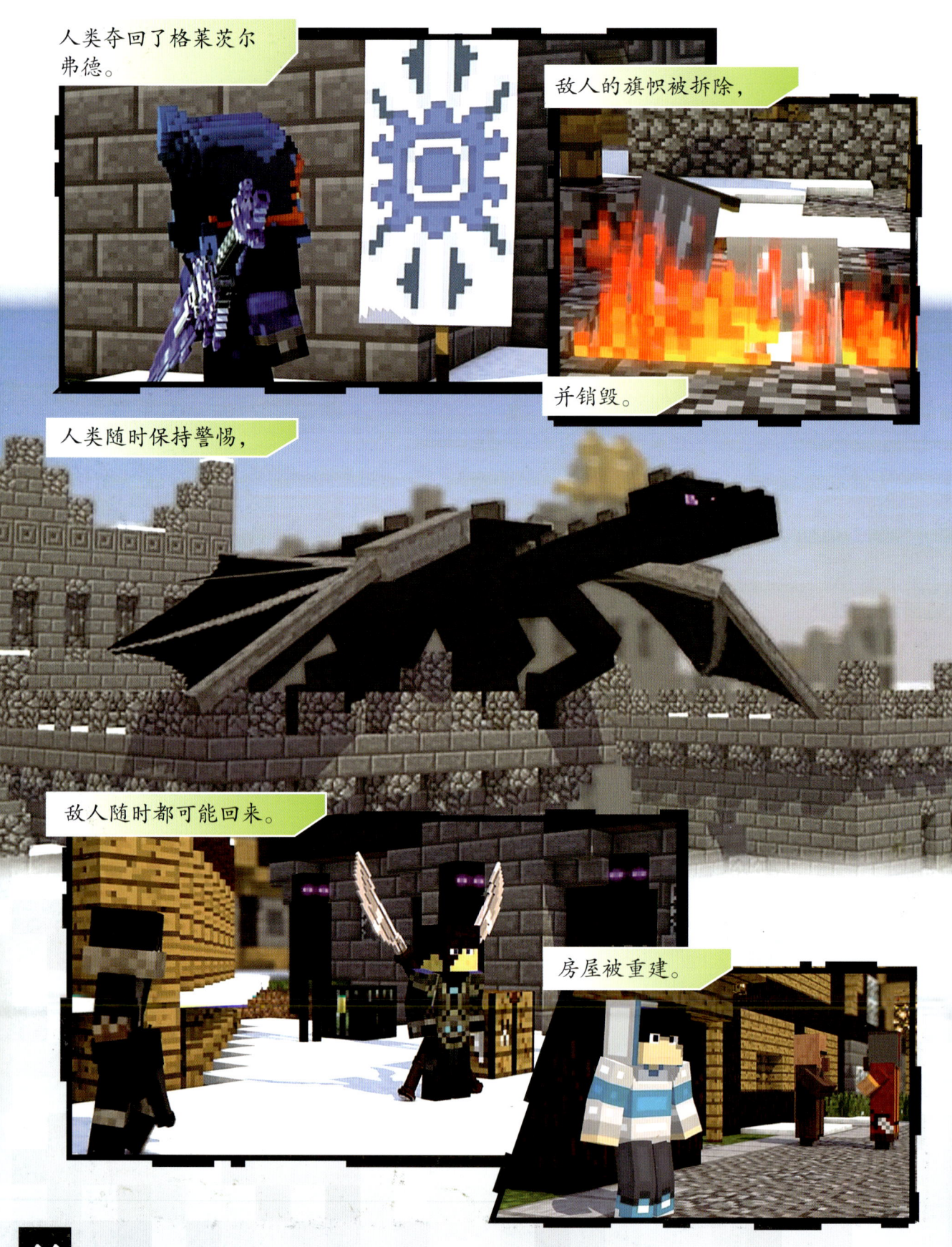

敌人的旗帜被拆除,

并销毁。

人类随时保持警惕,

敌人随时都可能回来。

房屋被重建。

防空炮被架设起来，

火炮也开始大量储备。

人们会需要这些武器的。

因为更大的危险在等待着他们。

天空变红，一排传送门被打开了，

召唤出了海量的恶魂军队，

还有嗜血猪人！

统统杀光！

两军再次交锋！

轰！轰！轰！

大炮也开火了。

但这次，海洛布莱恩为末影龙带来了一个**旗鼓相当的对手——**

咚！ 咚！

吉格博巨人！

格莱茨尔弗德变成了战场。

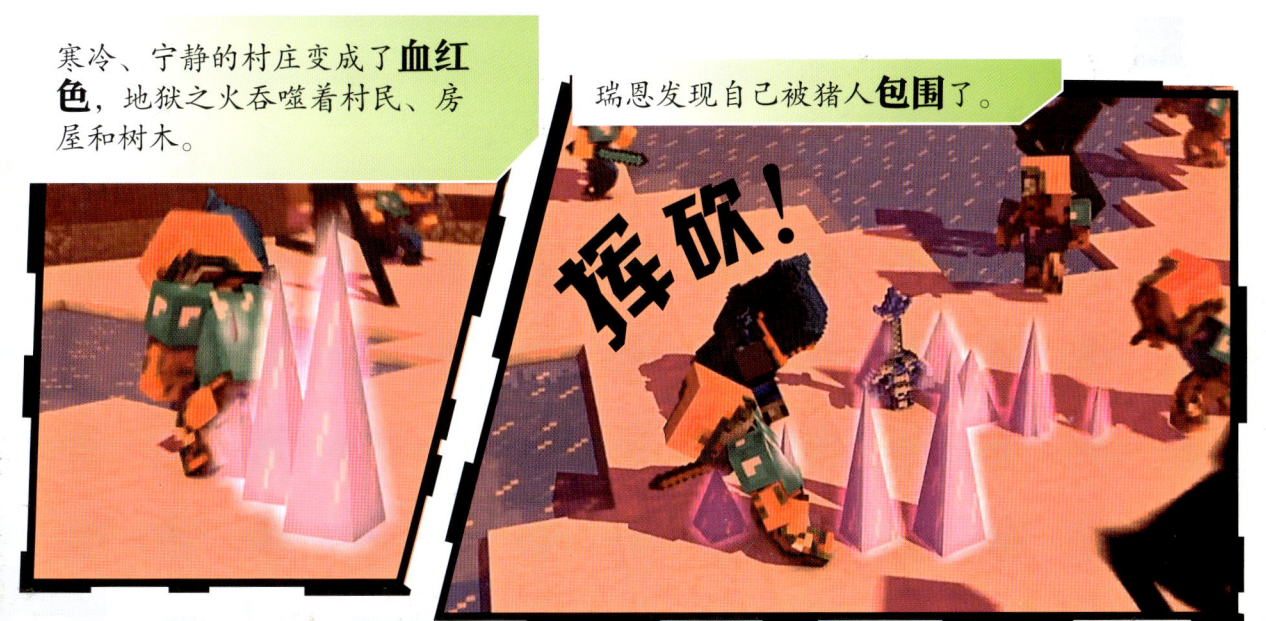

寒冷、宁静的村庄变成了**血红色**，地狱之火吞噬着村民、房屋和树木。

瑞恩发现自己被猪人**包围**了。

挥砍！

末影龙试图**反击**,

它的火焰**撕穿**了吉格博!

嗷呜!!

但巨人拒绝倒下。

嗷呜!!

当火雨从天而降，瑞恩和村民们奔跑着，寻找**掩护**。

当他抬起头，看到了一张熟悉的脸。

阿比盖尔。和他一起逃离格莱茨尔弗德的那个女孩，她在僵尸袭击中和他一同遇害。

但是，当他复活并重新获得人性的时候，她却变了，变得**可怕了**。

她现在是**下界公主**。

什么……你怎么了？

但她只是回望着他，她的眼神疯狂而缺少人性。

她不再是他认识的那个人了。

猛砍！

驯龙师发起了一场他不想参加的战斗。

但她不会给他任何**选择的余地**！

> 拜托。

> 你一定还残留着一部分记忆!

她攻击过来,但他抓住了她的权杖。

> 啊!

当瑞恩把她推倒时,他突然想到了一个铤而走险的点子。

几秒钟之内,她的腿就被冰包裹住了!

我很抱歉……我希望这不是结局……

瑞恩绝望地逃走了。

谁知道下界公主这时候在想什么呢?

格莱茨尔弗德的每个士兵都在逃命。

城墙支离破碎。

砰!

瑞恩痛苦地看着他们战败的情景。

格莱茨尔弗德再次沦陷了。

今天过得还不错。

瑞恩回到堡垒。

这儿的人们还不知道，海洛布莱恩已经**反击**了。

阿祖拉女士？

瑞恩！发生什么事了？为什么你——

我的朋友，阿比盖尔，

我失去了她。

她……死了？

不，她变成了别的东西……

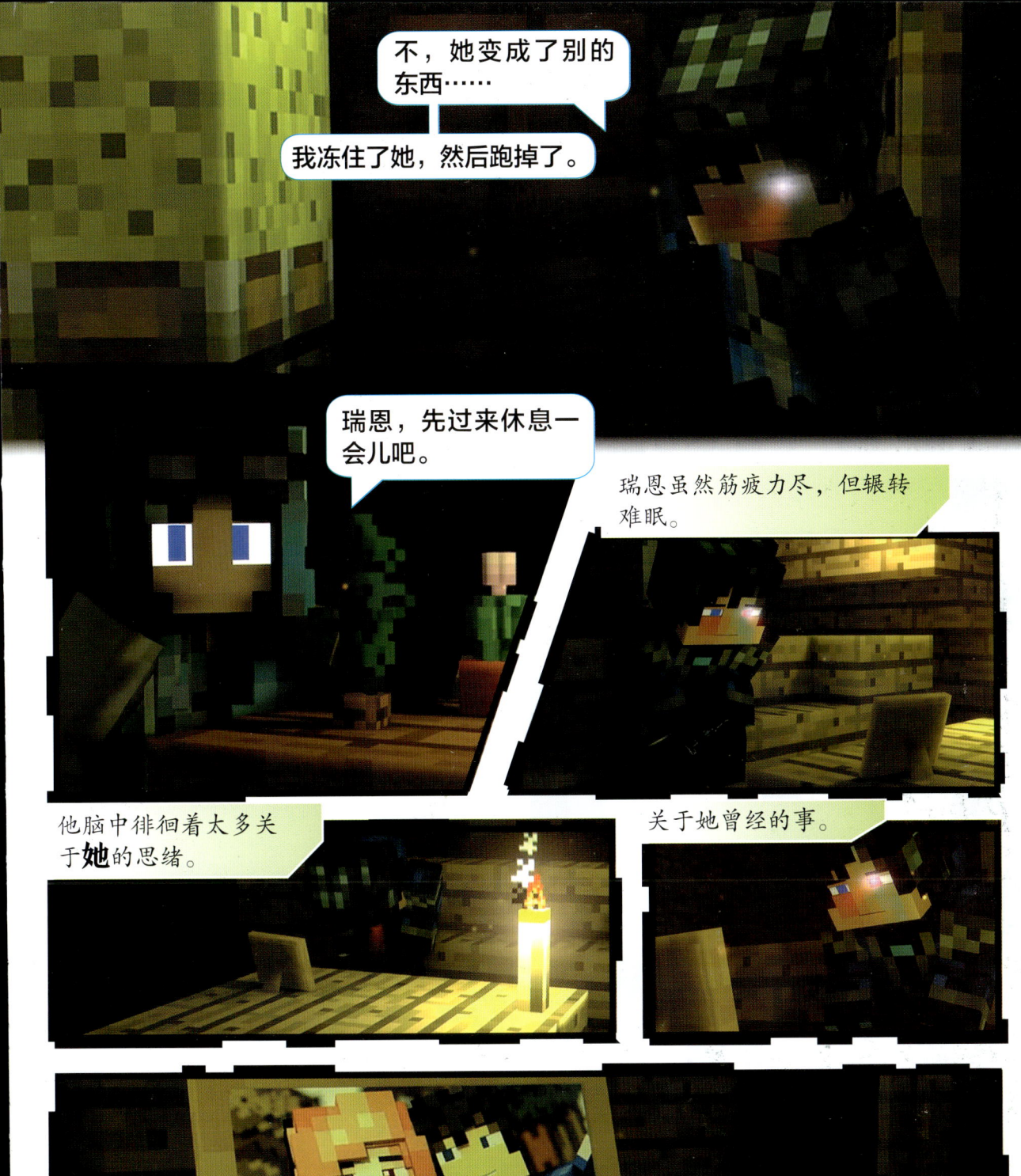

我冻住了她，然后跑掉了。

瑞恩，先过来休息一会儿吧。

瑞恩虽然筋疲力尽，但辗转难眠。

他脑中徘徊着太多关于**她**的思绪。

关于她曾经的事。

在格莱茨尔弗德。

下界公主并不在乎瑞恩。

她什么都不在乎。

她只渴望着下一次战斗。

嗡嗡——

曾经,她的家园需要她。

而这里已经不再是她的家园了。

瑞恩找寻着可以将阿比盖尔转变回来的办法。

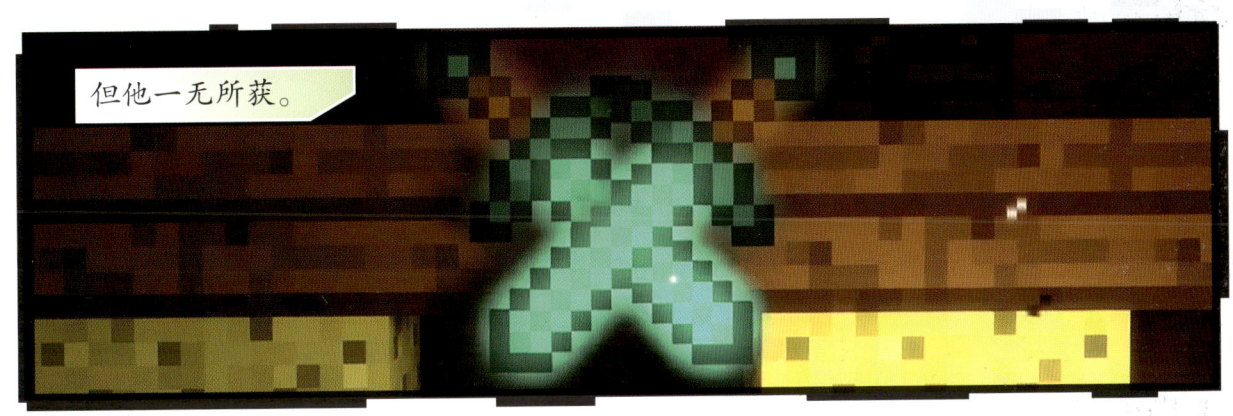

但他一无所获。

唯一的出路只有一刀两断。

我必须得这么做……

他没有把这个计划告诉任何人。
他必须独自前往。

他还需要能找到的所有武器。

嗯……

拿起武器！

唰！

只能放手一搏了……

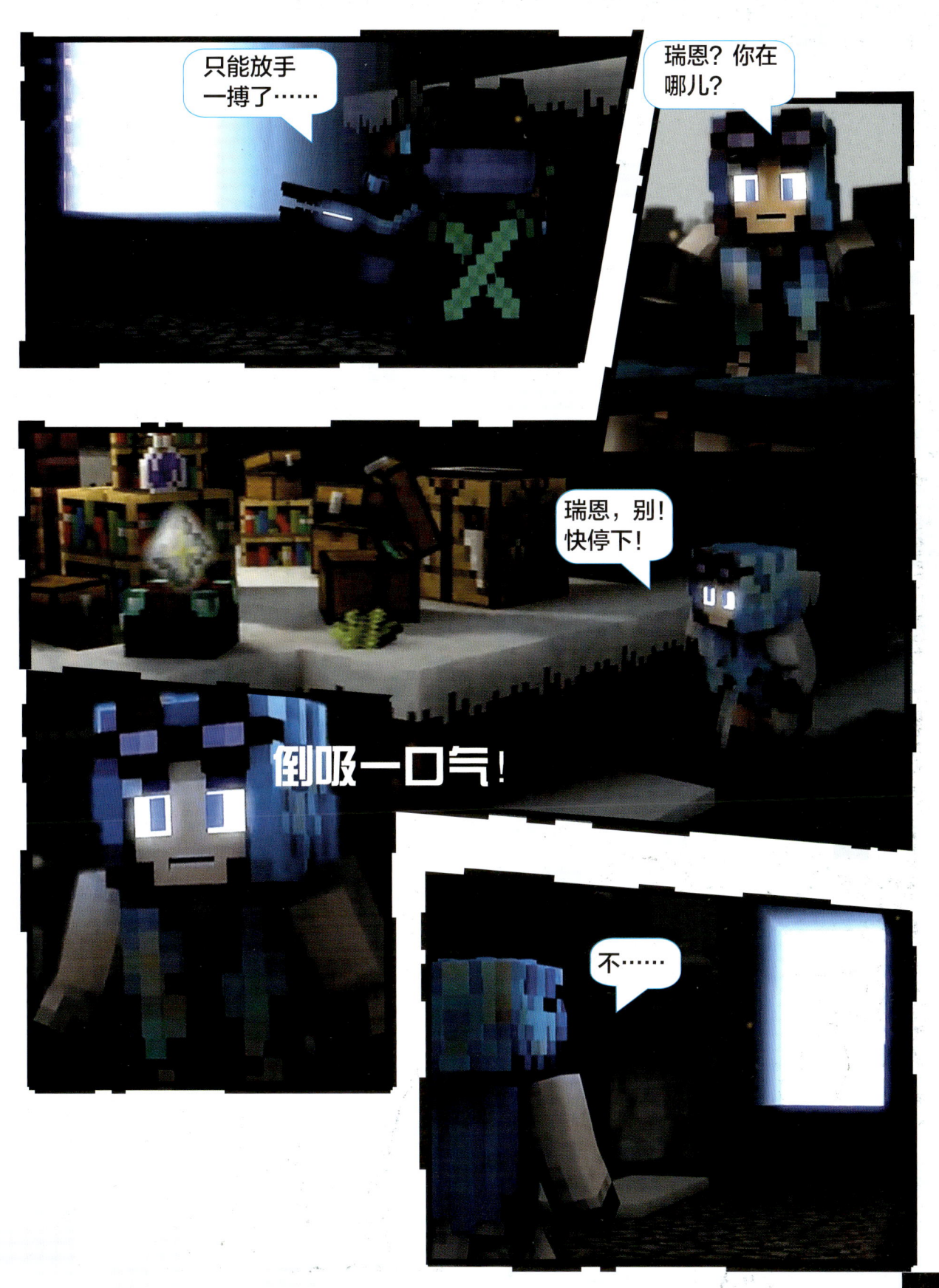

瑞恩?你在哪儿?

瑞恩,别!快停下!

倒吸一口气!

不……

与此同时,下界迎来了一位新的客人。

我是来找公主的。

你可以现在就让我过去,

或者,我也可以从你的尸体上跨过去。

对方的反应和瑞恩预料的一模一样。

啪!啪!

啊!

啪！

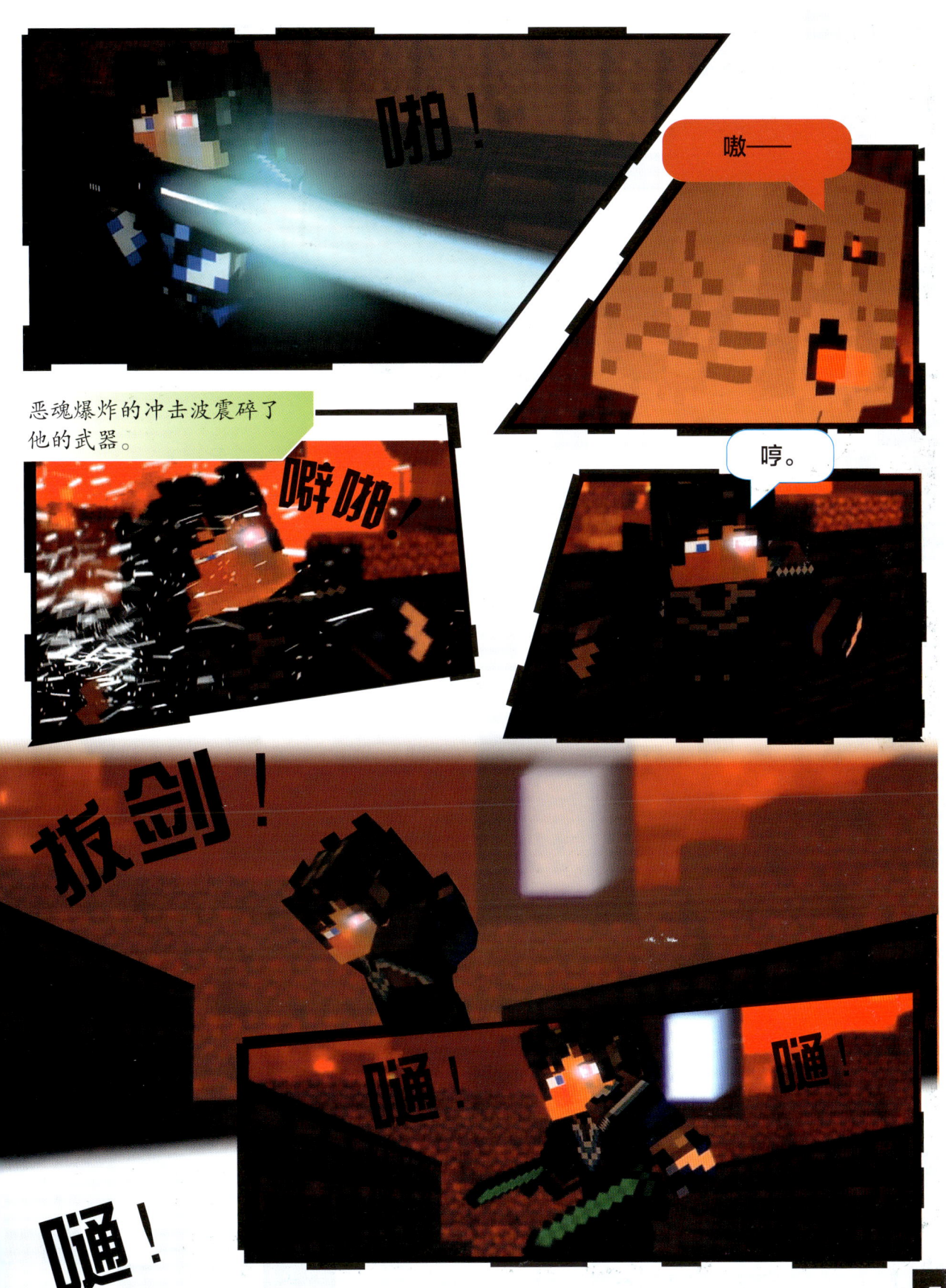

嗷——

恶魂爆炸的冲击波震碎了他的武器。

噼啪！

哼。

拔剑！

嗵！

嗵！

嗵！

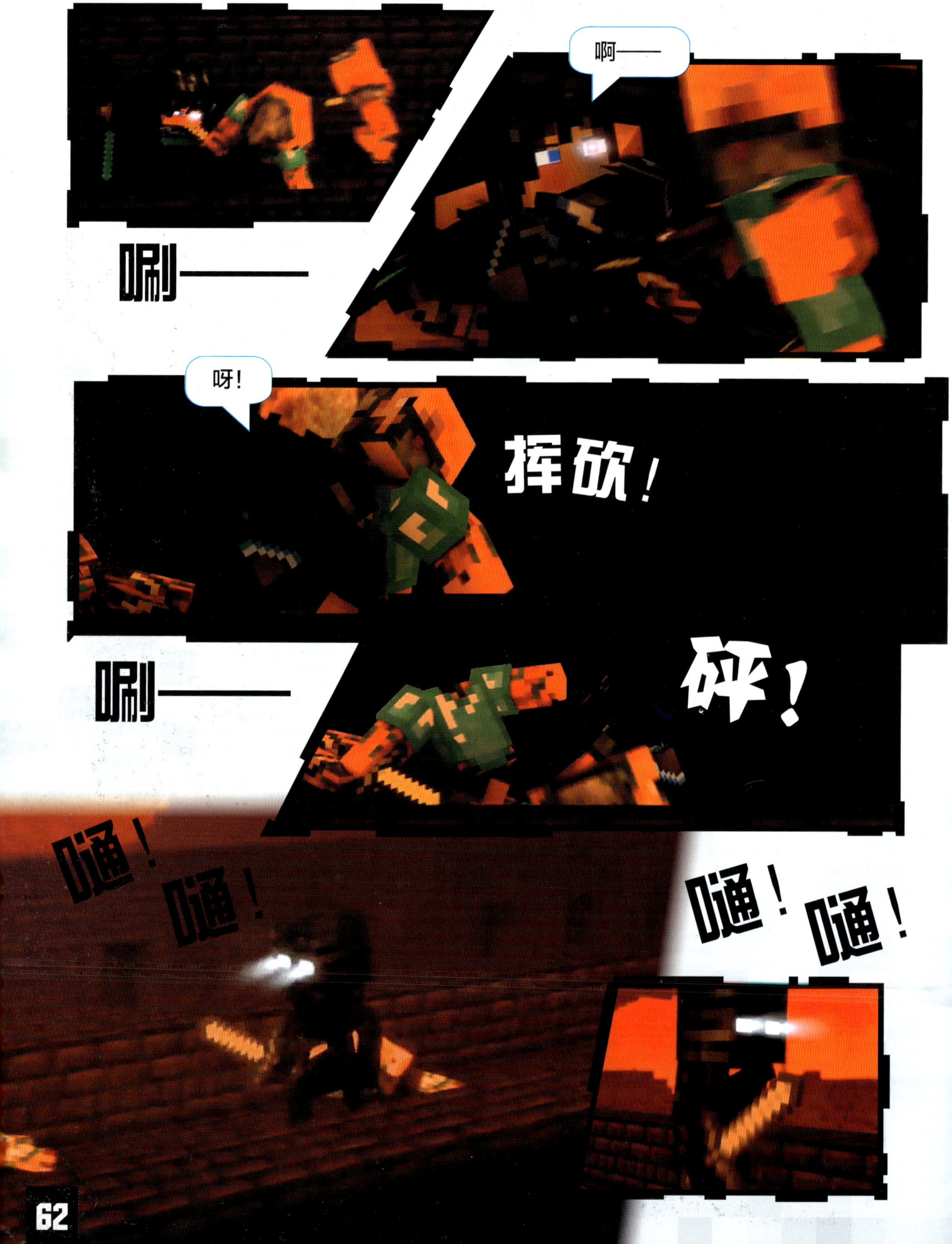
唰——
啊——
呀！
挥砍！
唰——
砰！
嗵！嗵！
嗵！嗵！

扑通!

就在瑞恩准备最后一击时,他抬起了头,

发现对方的**援军**已经到了。

砰!
砰!
砰!

但**赶来的猪人国王**听到了同伴们从自己的藏身之所掉下来的声音……

扑通!

你还有什么把戏?

他们冲向了对方。

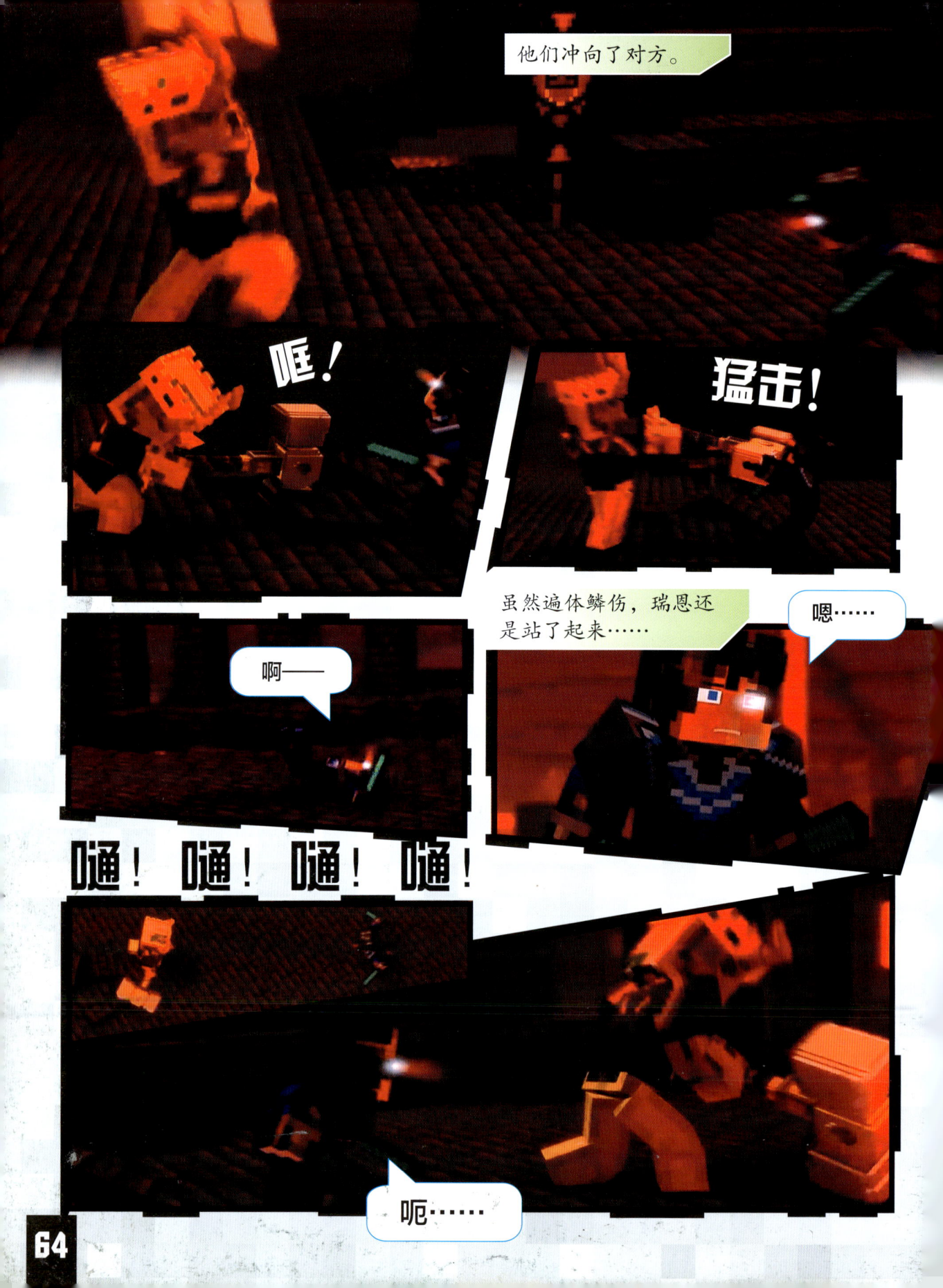

哐！

猛击！

啊——

虽然遍体鳞伤,瑞恩还是站了起来……

嗯……

嗵！嗵！嗵！嗵！

呃……

猛击!

嗖——

唰——

唰——

砰!

扑通!

尽管还没见到阿比盖尔,但他知道她就在附近,

看着他。

她依然毫无感情。
他只是另一个对手罢了。

关键时刻，事态并没有比他想的更轻松。

咚！ 咚！ 咚！ 咚！

啊！！

公主先流了血。

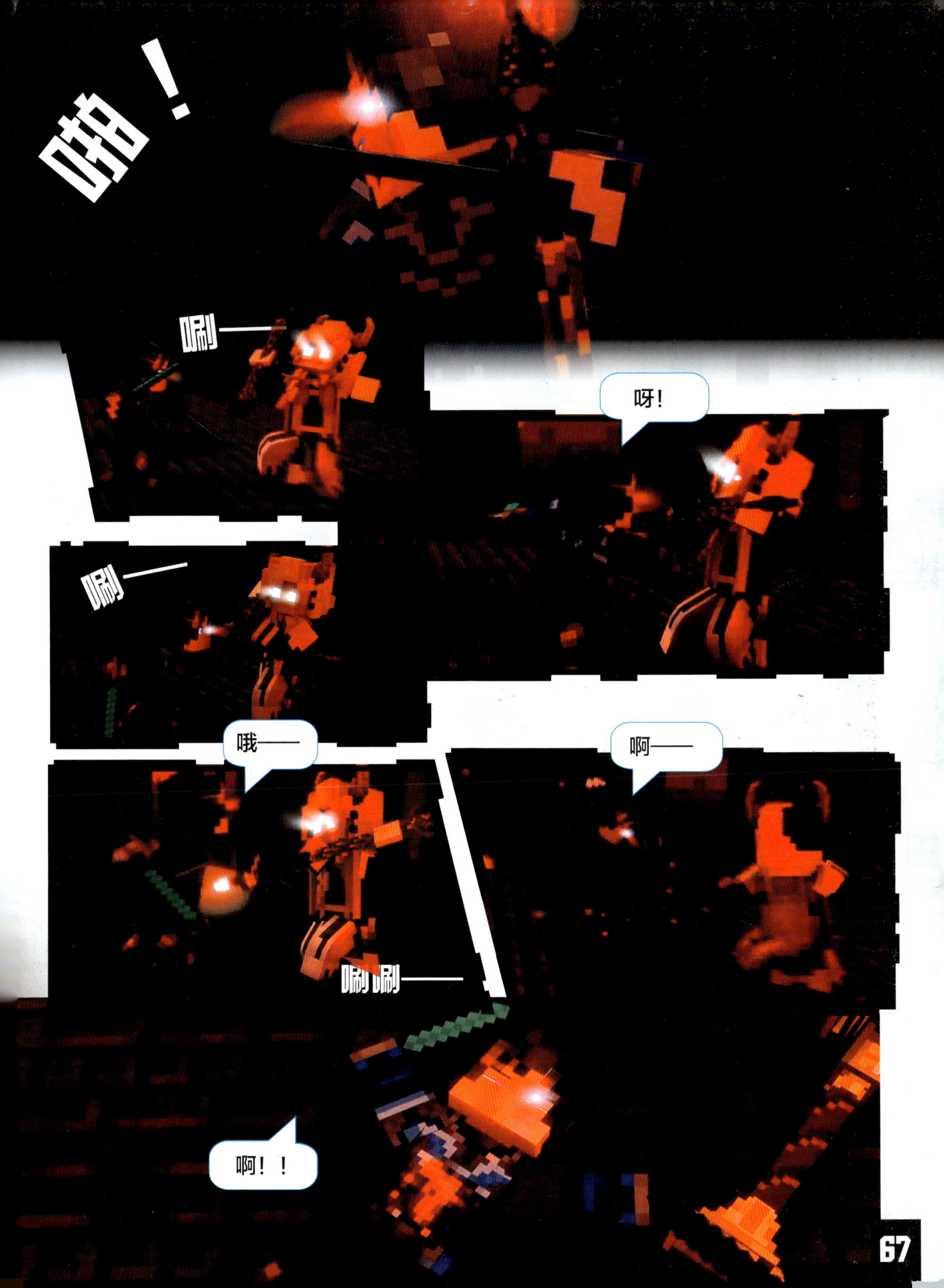
啪！
唰——
呀！
唰——
哦——
啊——
唰唰——
啊！！

他必须抛弃自己对朋友的关心。

呼……

他得为活下去而战斗！

嗵！嗵！嗵！嗵！

她的剑刃残忍地刺穿了他的肩膀。

刺入！

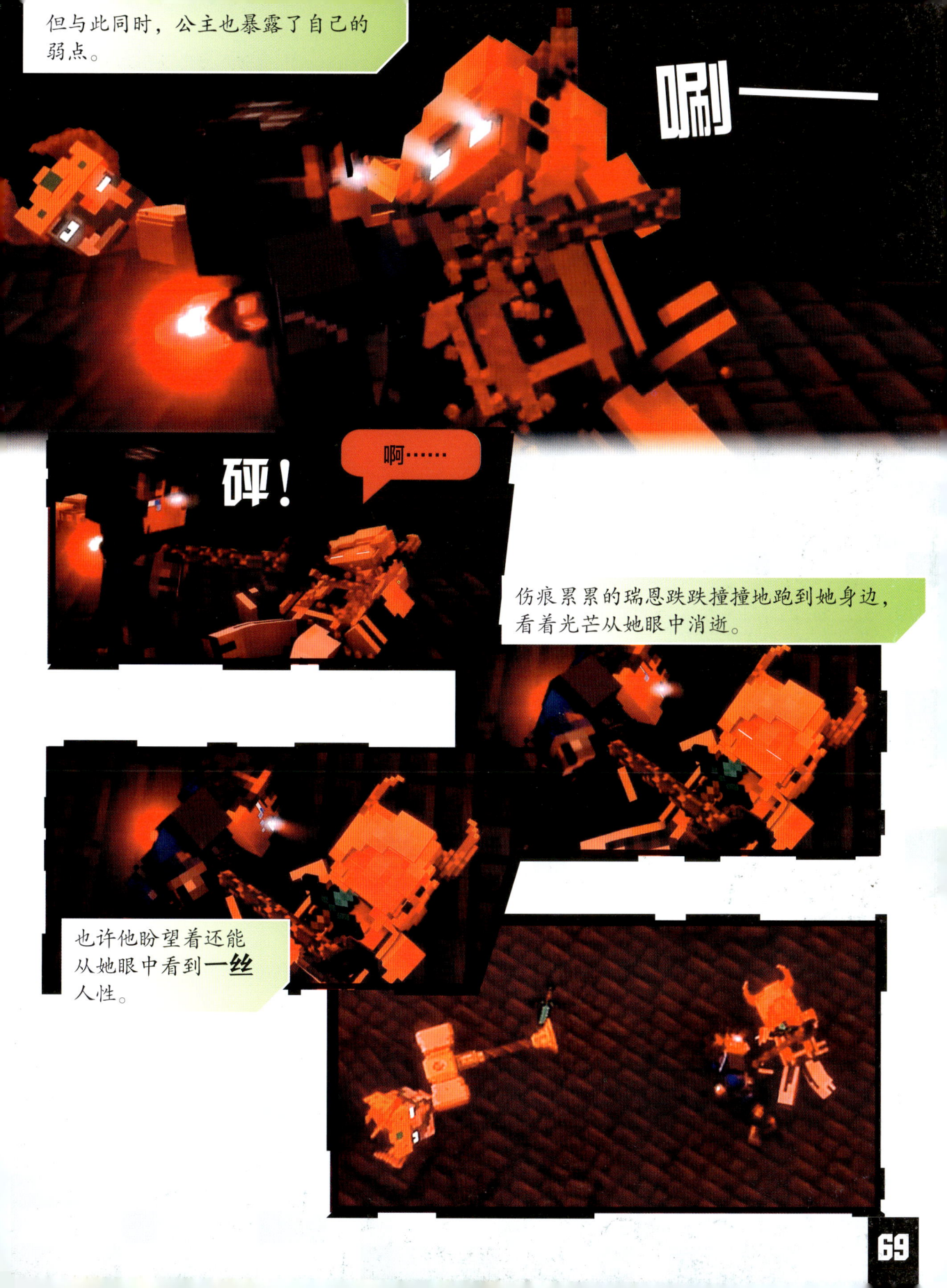

但与此同时，公主也暴露了自己的弱点。

唰——

砰！

啊……

伤痕累累的瑞恩跌跌撞撞地跑到她身边，看着光芒从她眼中消逝。

也许他盼望着还能从她眼中看到**一丝**人性。

与此同时，在主世界……

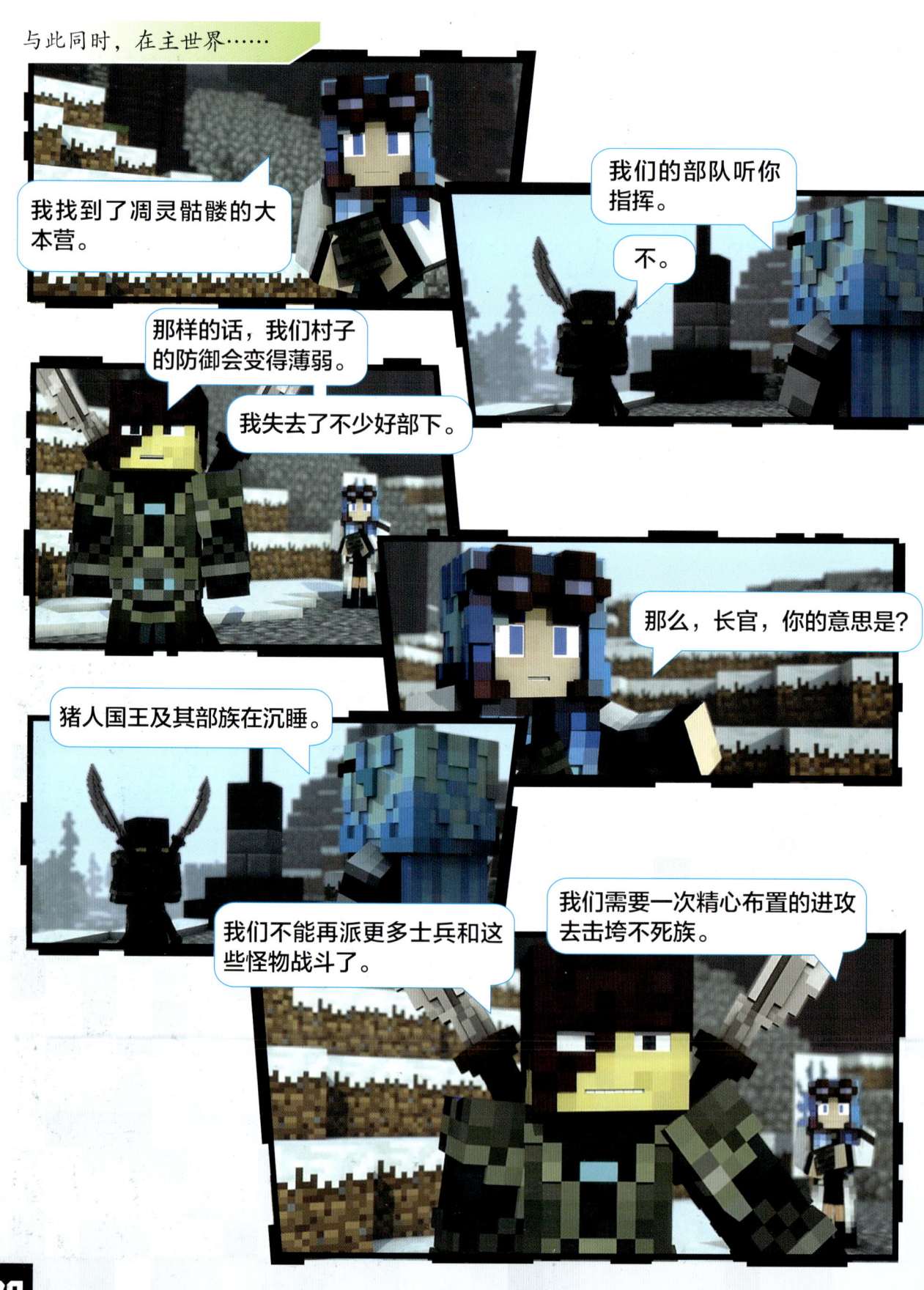

我找到了凋灵骷髅的大本营。

我们的部队听你指挥。

不。

那样的话，我们村子的防御会变得薄弱。

我失去了不少好部下。

那么，长官，你的意思是？

猪人国王及其部族在沉睡。

我们不能再派更多士兵和这些怪物战斗了。

我们需要一次精心布置的进攻去击垮不死族。

我们要召集那些最勇猛的土匪和雇佣兵。

那些法外狂徒？你怎么确定他们会听你指挥？

我和他们做了一笔交易。

他们若是战斗，就能分到应得的战利品。

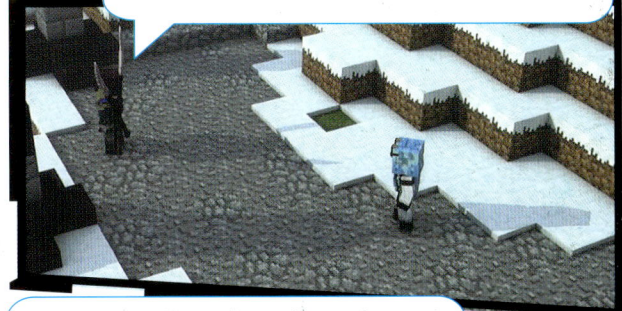

现在……你还有那个眼睛吗？

当然，不过这是我们手上最后一颗了。

很好。

把这最后一颗末影之眼送去给末地守望者们。

他们会在这场战斗中赶来协助我们。

"人类已经被不死族蹂躏太久了。"

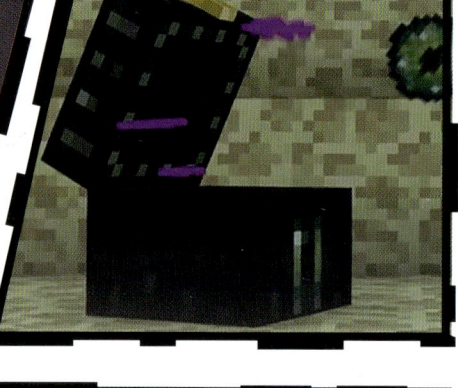

"现在，我们要终结他们的统治。"

瑞恩还没有回来,但他们来不及等他了。

但是他驯服**末影龙**的事,也许可以在接下来的战斗中起到决定性的作用。

战争议会成立了。

海洛布莱恩去继续掠夺其他领地了。

同时,布莱克布恩和他的部队在防守格莱茨尔弗德。

一个骷髅军团?

我们可以夺回村庄,我们之前已经成功过了。

但是这一次我们必须彻彻底底地击败海洛布莱恩。

格莱茨尔弗德在上次战斗中被破坏的围墙是个**突破口**。

但是海洛布莱恩的部队已经在里面聚集起来了！

瑞恩不在这儿，无法为他的村庄而战。

所以我来为他而战！

墙外，女巫斯特拉正在咏唱她的魔法。

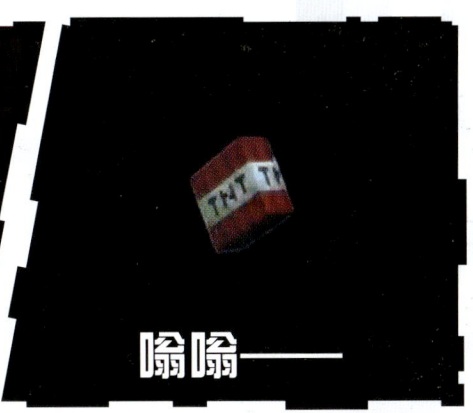

退后。

嗡嗡——

看哪！

嗒嗒嗒——

嗒嗒嗒——

扑通！
扑通！
扑通！

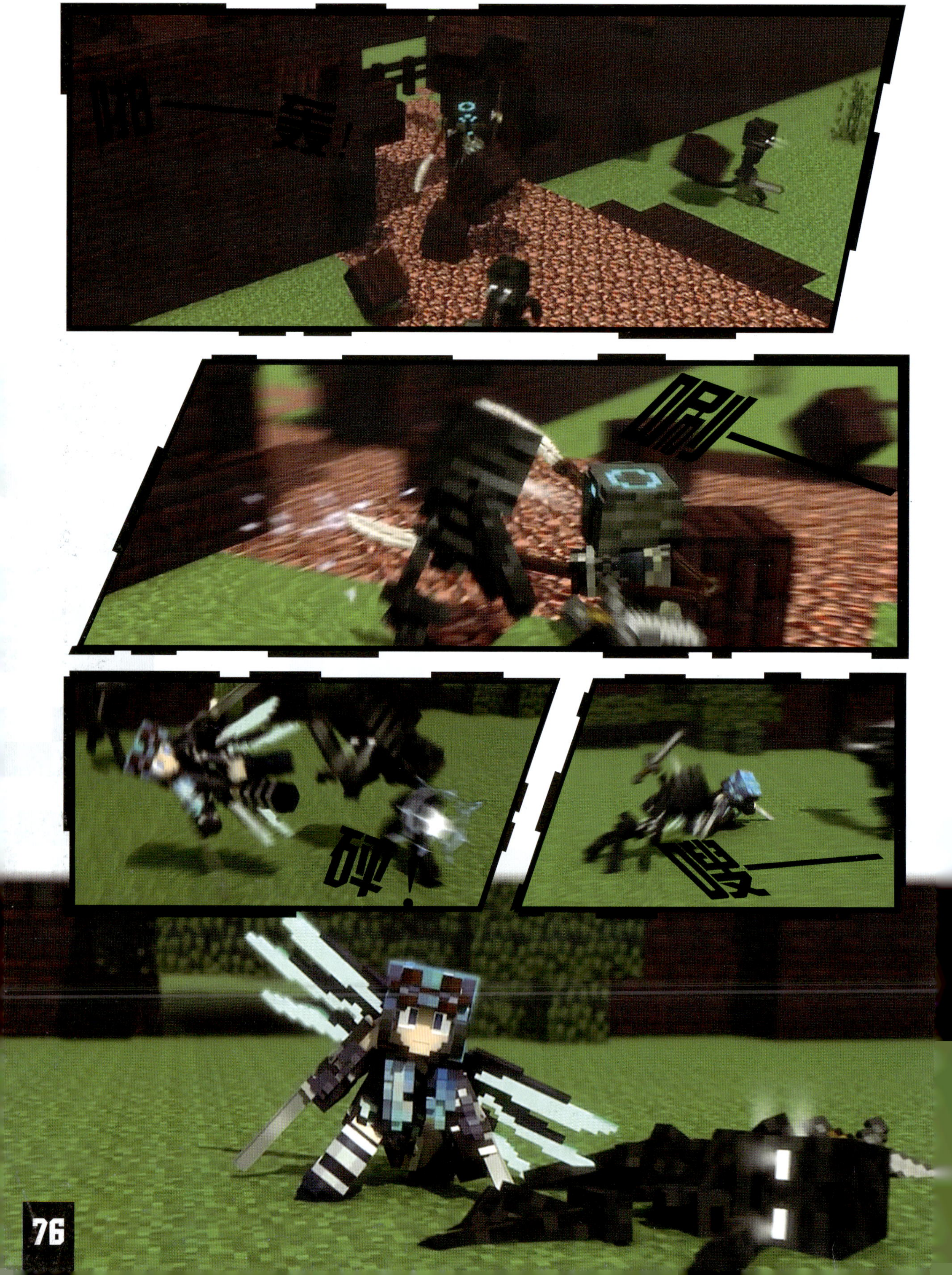
轰!
唰——
砰!
嗖——

咔嚓！

啊——

嗡嗡——

嘶 嘶 嘶 嘶 嘶

唰唰唰！

战斗接近尾声。

第一阶段是成功的。不过……

海洛布莱恩很快就会知道，他的部队失去了对村庄的控制。

嗡 嗡——

他马上就会带着援军回来。我们不能浪费时间。

祝你们好运。

尽你所能，坚持住。

夜幕降临，海洛布莱恩来了。

嗒嗒 嗒嗒 嗒嗒 嗒嗒 嗒嗒

吁——

又是你？

哼。

看起来你从上次之后就没整理一下自己。

反正很快就要再变得乱糟糟了。

嗵！ 嗵！

唰——

哐！

哒！哒！哒！

唰——

呵呵呵……

啪！啪！啪！

啊！

嗷！

扔！

当！

啊——

嗷……

战况变得越来越令人绝望。

哐！

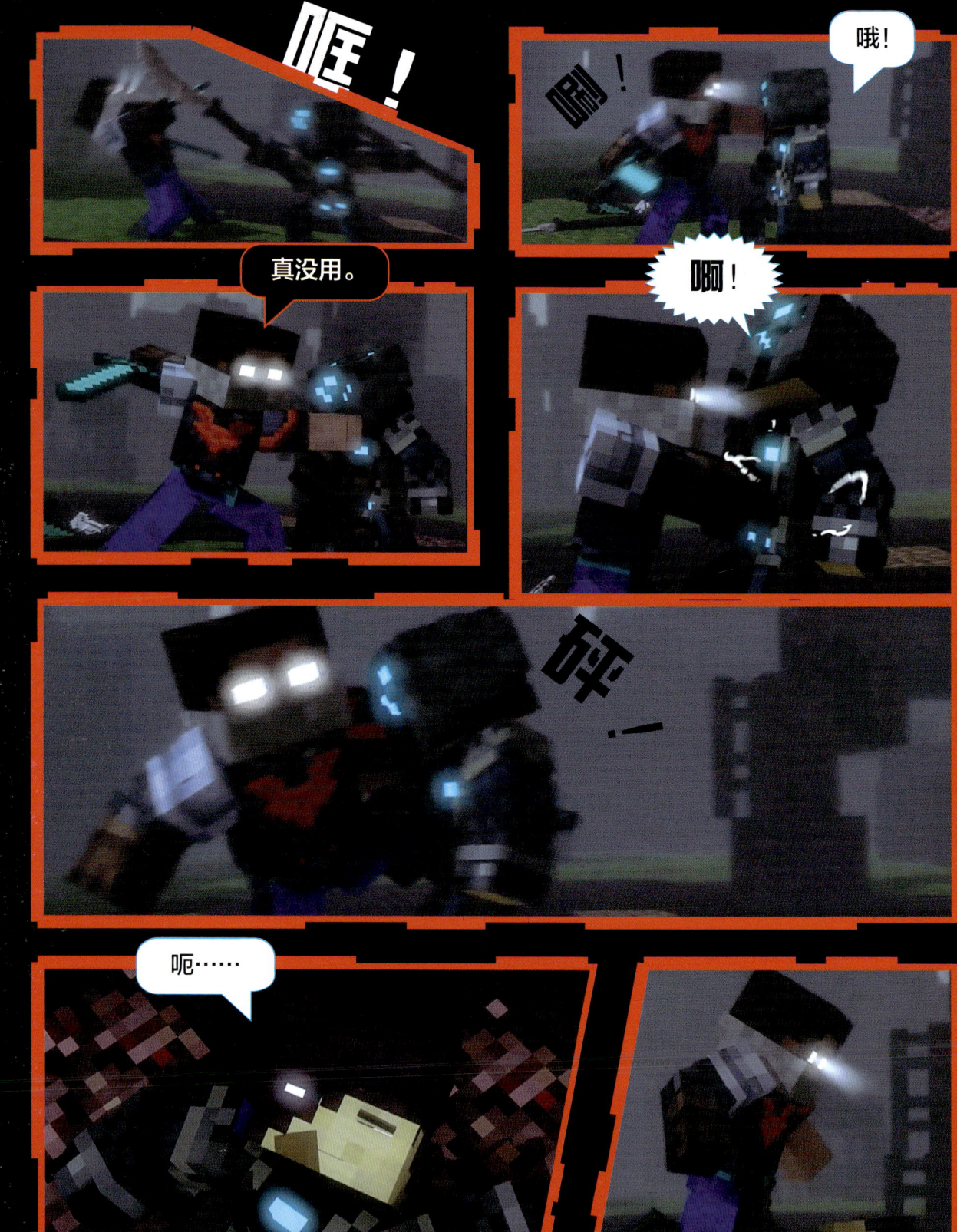

哦！

唰！

真没用。

啊！

砰！

呃……

砰!

砰!

无情的拳头如雨点般落下。

你们最好的战士已经死了。

你们已经没有反击的余地了。

直到海洛布莱恩终于疲惫了,把他**扔到**了一边。

就在此时,天空裂开了。

咔嚓!

什么?

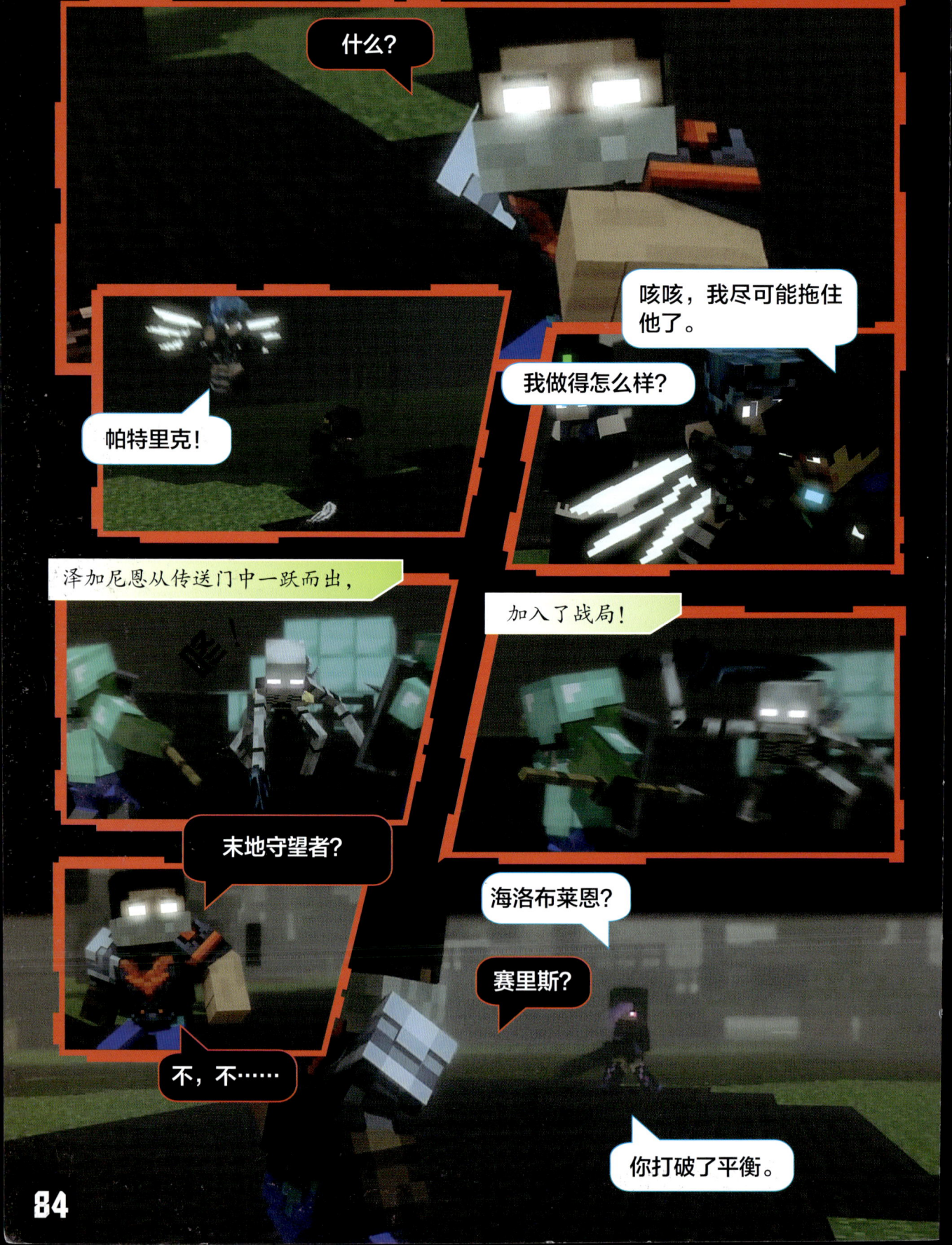

咳咳,我尽可能拖住他了。

我做得怎么样?

帕特里克!

泽加尼恩从传送门中一跃而出,

加入了战局!

末地守望者?

海洛布莱恩?

赛里斯?

不,不……

你打破了平衡。

瑞恩虽然不在,但他征服末影龙的事迹打动了守望者们。

拜他所赐,胜利的天平开始向人类一方倾斜了。

这必须要被修正才行。

啪——砰!

唰!!

哎哟!

哐!

砰!

啊——

龙先知沃德斯也加入了战斗。

嗡嗡——

都能召唤龙了，谁还需要武器呢！

轰隆!

砰！啪！

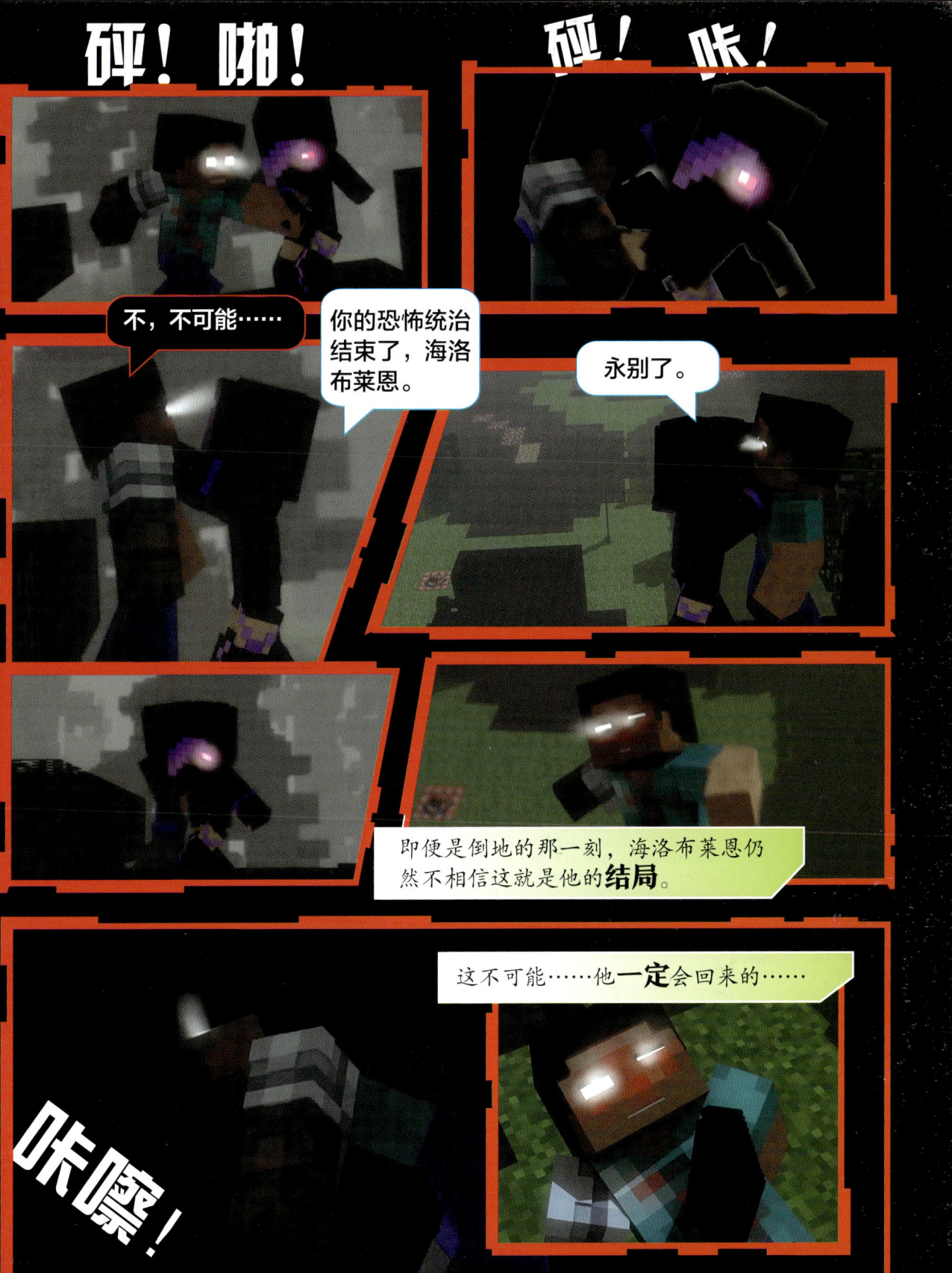

砰！咔！

不，不可能……

你的恐怖统治结束了，海洛布莱恩。

永别了。

即便是倒地的那一刻，海洛布莱恩仍然不相信这就是他的**结局**。

这不可能……他**一定**会回来的……

咔嚓！

只有一个办法能确保万无一失。

死亡对生者只是自然规律，而不死族更加惧怕死亡。

结束了。

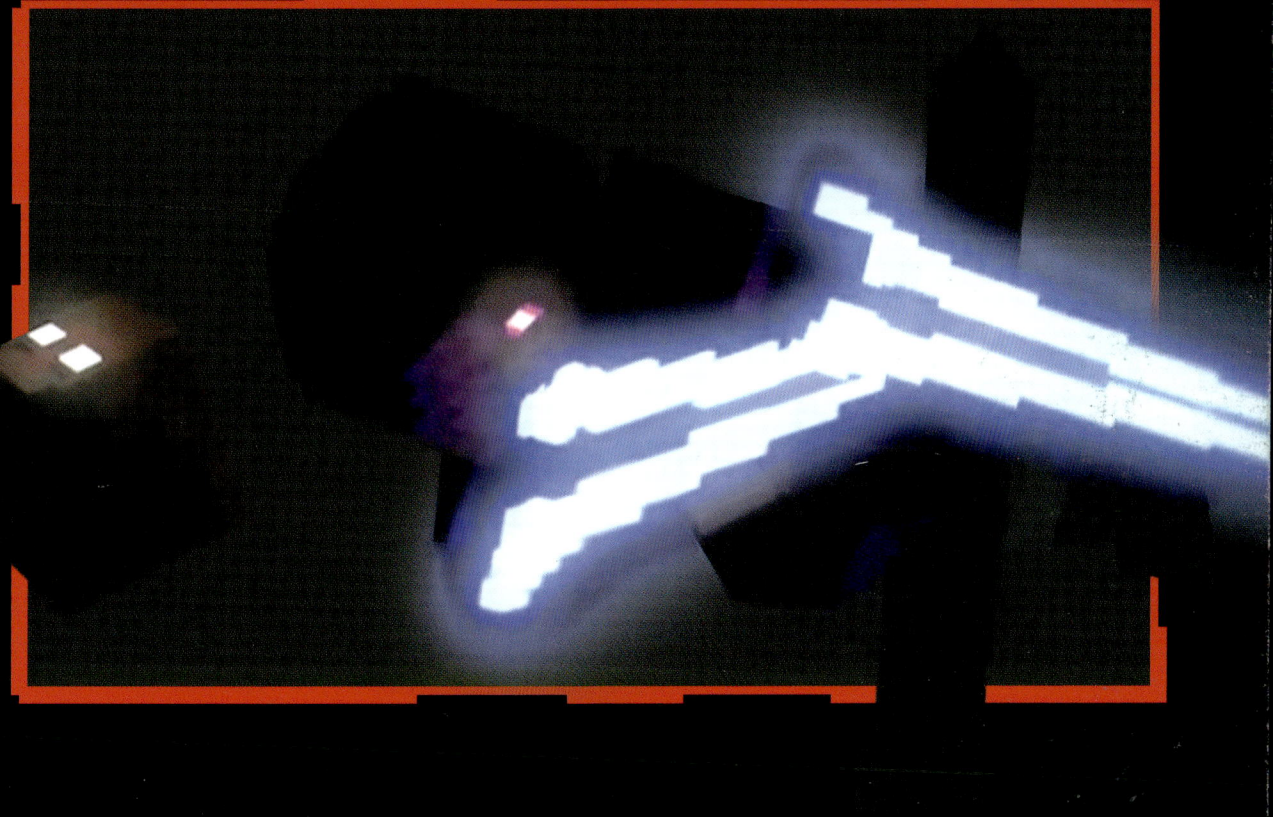

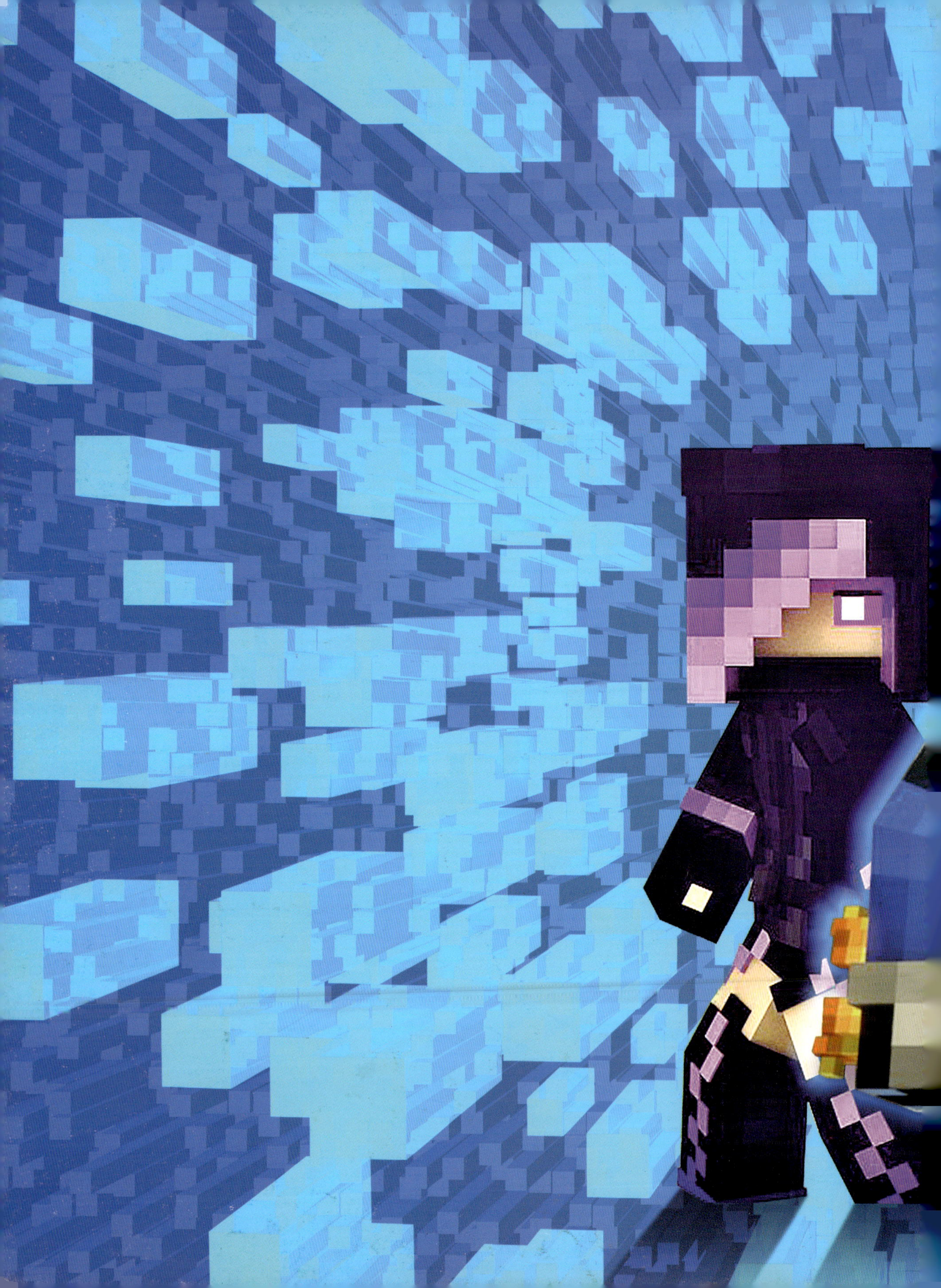

真的……

结束了吗?